# SCM

## Stiftung Christliche Medien

SCM ist ein Imprint der SCM Verlagsgruppe, die zur Stiftung
Christliche Medien gehört, einer gemeinnützigen Stiftung, die
sich für die Förderung und Verbreitung christlicher
Bücher, Zeitschriften, Filme und Musik einset

© 2024 SCM Verlagsgruppe GmbH
Max-Eyth-Straße 41 · 71088 Holzgerlingen
Internet: www.scm-verlagsgruppe.de;
E-Mail: info@scm-verlagsgruppe.de

Gesamtgestaltung: Franka Röhm, www.frankadesign.studio
Bildnachweis: Coverbild: unsplash.com/Jose M Reyes;
Unsplash.com/ Jared Rice, Nasa, Dominik Schroder, Carolinie Cavalli, Nadine Redlich, Look up look down Photography, Magnus
Jonasson, Cason Asher, Kevin-chen, Damian Patkowski, Fabrizio Conti, Umit Bulut, Madeline Pere, Laurice Manaligod, Chantal,
Aman Dhakal, Patrick Ryan, Damian Denis, Grant Ritchie, John Towner, Hassan Ouajbir, Drew Colins; pexels.com/ umaraffan499,
Sabrina So, Julia Volk, Katlovessteve, Ssphotographylk, Eberhard Gross, Vlada Karpovich, Fototyp; pixabay.com/ GidonPico
Druck und Verarbeitung: Grafisches Centrum Cuno GmbH & Co. KG
Gedruckt in Deutschland
ISBN 978-3-7893-9922-0
Bestell-Nr. 629.922

Maria Prean-Bruni

# TRÄUME DEN TRAUM,
## DEN GOTT FÜR DICH HAT

Ermutigungen

**SCM**

*Wir sind der Traum
in Gottes Herzen,
das Potenzial in
seiner Hand.*

# TRÄUME DEN TRAUM,
# DEN GOTT FÜR DICH HAT!

Jeder von uns hat Gaben und Talente. Wenn wir sie täglich einsetzen, werden wir selbst und andere dadurch gesegnet werden. Sei nicht neidisch auf das, was andere gut können. Segne sie und bitte sie, dir die Hand aufzulegen und die gleiche Gabe in dir freizusetzen, die du bei ihnen als so segensreich empfindest.

Arbeite sorgfältig und fleißig und mach alles zur Ehre Gottes. Wahrer Erfolg, echte Fruchtbarkeit, besteht zu einem Prozent aus Inspiration und zu 99 Prozent aus Transpiration!

*Ein Mensch kann viele Pläne schmieden, doch der Wille des Herrn wird sich erfüllen.*

Sprüche 19,21

Entwickle gottgemäße Maßstäbe und bleib eng mit deinem Herrn verbunden, sodass dein Herz göttliche Träume empfangen kann. Gott erschuf uns für einen herrlichen Zweck und mit einem wundervollen Plan in seinem Geist.

Ich bat den Herrn schon in sehr jungen Kindheitsjahren, mich nicht sterben zu lassen, bevor ich nicht den Traum lebe, den er für mich träumt. Es hat sich gelohnt zu warten!

# DEINE BESTIMMUNG

Viele Menschen streben danach, länger zu leben, ohne zu wissen, wofür. Ihr Potenzial wird nie freigesetzt und ihre Träume bleiben unerfüllt.

Wir brauchen eine Offenbarung Gottes, um zu erkennen, wer wir sind und wozu wir bestimmt sind.

Früher wurde ich jedes Mal traurig und bedrückt, wenn ich einen Friedhof besuchte. Als mir das auffiel und ich den Herrn danach fragte, meinte eine leise Stimme in mir, dass ich all das Potenzial und die Talente derer wahrnahm, die hier begraben lagen, die allerdings nie zum Segen für andere geworden sind. Welch traurige Bilanz!

Daraufhin habe ich für mich entschieden: Ich will ganz leer in die Ewigkeit abberufen werden, weil das bedeutet, dass ich alles hier auf Erden eingesetzt und verschenkt habe.

Wie sieht es in deinem Herzen aus? Willst du leer oder voller ungenutztem Potenzial in die Ewigkeit gehen?

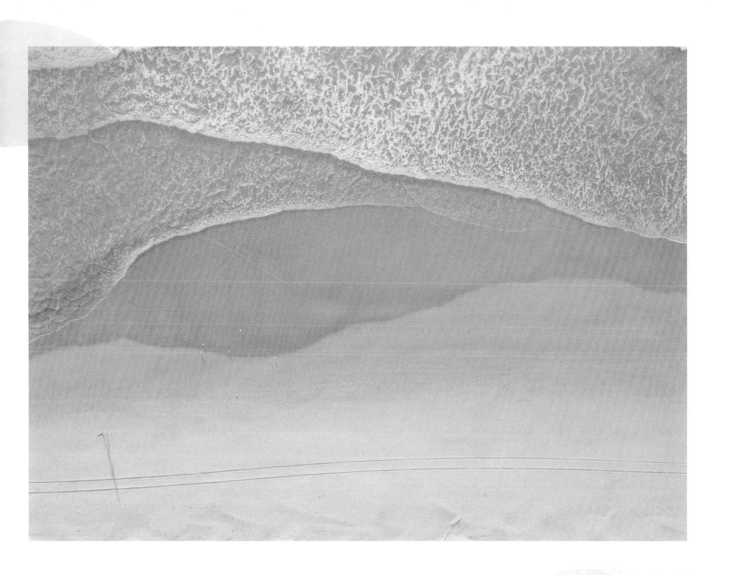

*Wenn keine Offenbarung da*
*ist, verwildert ein Volk.*

Sprüche 29,18 (ELB)

# GANZ GEWÖHNLICHE HELDEN

Wenn wir die Helden der Bibel betrachten, dann wird uns schnell klar, dass die meisten von ihnen einen ganz normalen Hintergrund hatten, aus normalen Familien kamen, in einfachen Berufen arbeiteten und es vor allem nicht immer leicht im Leben hatten. Sie sahen sich vielen Widerständen gegenüber und waren nicht immer diejenigen, die für eine Aufgabe am geeignetsten schienen.

*Jakob war ein Manipulierer.*
*Petrus war ein Feigling.*
*David hatte eine Affäre.*
*Noah hat sich betrunken.*
*Mose stotterte und war impulsiv.*
*Paulus war ein Mörder.*
*Gideon war unsicher.*
*Mirjam war eine Schwätzerin.*
*Marta machte sich um alles Sorgen.*
*Thomas war ein Zweifler.*
*Sara war ungeduldig.*
*Zachäus war klein.*
*Abraham war alt.*
*Lazarus war tot.*

Willst du Gott vertrauen, dass er diese Liste mit deinem Namen erweitert und dich gebraucht, um sein Reich zu bauen und seinen Namen zu verherrlichen?

Jedes Mal sagte er: » Meine Gnade ist alles, was du brauchst. Meine Kraft zeigt sich in deiner Schwäche.« Und nun bin ich zufrieden mit meiner Schwäche, damit die Kraft von Christus durch mich wirken kann,

# GOTT KANN GROSSARTIGES DURCH UNS TUN

Gott kann Großartiges durch uns tun, wenn wir ihn nur in uns wirken lassen.

Manchmal habe ich schon selbst über die Wahl Gottes gestaunt. Verschiedene bekannte Evangelisten haben in ihrer Kindheit und Jugend schrecklich gestottert. Dennoch hat Gott sie berufen, das Evangelium auf der ganzen Welt zu verkündigen.

Gott hat so große und gute Pläne für dich, dass du sie, wenn er sie dir jetzt voll offenbaren würde, vermutlich nicht für dich annehmen könntest. Hätte mir Gott in meiner Jugend gesagt, was er mit mir vorhat, wäre ich wahrscheinlich in den Busch nach Australien geflüchtet! Denn nie hätte ich mir zugetraut, was Gott mir zutraut!

Was kann man daraus schließen? Gott beruft nicht die Begabten, sondern er begabt die Berufenen. Wir müssen nicht stark, perfekt und makellos sein. Es reicht, wenn wir uns ihm voll und ganz zur Verfügung stellen.

*Großartige Männer und Frauen werden nicht geboren, sie werden durch das Leben geformt.*

# VERTRAUE GOTT!

Wenn mich Leute für verrückt erklären, lautet meine Antwort stets: „Du hast recht, ich wurde verrückt von der Dunkelheit ins Licht, vom Baum der Erkenntnis zum Baum des Lebens. Ich wurde verrückt in ein Leben des Glaubens." Das ist ein Unterschied wie Tag und Nacht. In der heutigen Welt leben die meisten Menschen nach ihrer eigenen Erkenntnis, nach ihren logischen Erklärungen, nach ihrem Wissen. Aber es ist an der Zeit, in ein Leben aus Glauben, aus Vertrauen durchzubrechen. Es ist an der Zeit, aufzustehen und Licht zu werden. Es ist an der Zeit, auf Gott zu schauen und auf dem Wasser zu wandeln. Alles steht unter dieser einen Überschrift: „Vertraue mir!"

Und dazu möchte ich dich ermutigen: „Vertraue Gott!" Ganz gleich, in welchen verrückten Situationen du dich befindest. Er wird dich von der Dunkelheit ins Licht versetzen, von der Lüge in die Wahrheit. Ich bete für dich, dass du diesen Schritt wagst und Gott mehr vertraust als allen anderen Erlebnissen, die du hast, und Berichten, die du bekommst. Ich garantiere dir – das Beste liegt noch vor dir!

# VERRÜCKT

Ja, Gott ist ein verrückter Gott. Er macht verrückte Sachen und er möchte sie auch gerne mit dir und mit mir machen. Lässt du das zu? Oder machst du dir immer noch Gedanken um dein Ansehen, deinen Ruf, äußere Sicherheiten oder was auch immer? Wann hat Gott dich zum letzten Mal zu einer verrückten Aktion aufgefordert? Und bist du seinem Auftrag gefolgt? Bist du aufgestanden und Licht geworden? Was hast du dabei erlebt? Wenn nicht: Was hat dich davon abgehalten? Denke doch einmal darüber nach und sprich dann mit Gott darüber. Vielleicht wagst du es sogar, die Entscheidung zu treffen, ihm beim nächsten Mal ohne Wenn und Aber zu folgen? Dann sprich doch das Gebet auf der folgenden Seite.

*Geliebter Vater im Himmel,*

ich bekenne, dass ich mir falsche Identitäten angezogen habe

durch das, was ich kann oder nicht kann,

was ich besitze oder nicht besitze,

zu wem ich gehöre oder nicht gehöre,

um dich, die Menschen und mich selbst zu beeindrucken und um Anerkennung
zu finden.

Ich habe auf Sand gebaut.

Ich bekenne dieses Verhalten als Lüge

und ich verlasse dieses Verhalten in Jesu Namen

und trete heute ein in die Wahrheit, die frei macht.

Ich trete ein in die Identität dessen, was Jesus für mich am Kreuz vollbracht hat.

Vor dir gilt nur eine Gerechtigkeit,

und zwar die Gerechtigkeit deines Sohnes Jesus Christus,

die er uns so teuer durch seinen Kreuzestod erkauft hat.

Als Jesus am Kreuz starb, ist auch mein alter Mensch mit ihm gestorben.

*Jesus Christus,*

ich empfange jetzt dich, den auferstandenen Herrn,

als meine einzige Gerechtigkeit.

Ich empfange dein Erlösungsleben

und ich empfange dich als mein wahres Leben.

Du in mir, Herr Jesus Christus, bist meine Hoffnung auf Herrlichkeit.
Ich will dir voll und ganz vertrauen.
Ich bitte dich,
dass du mich vom Kopf bis zum Fuß mit deinem Erlösungsleben durchflutest.

*Heiliger Geist,*
durchforsche mein Herz
und zeig mir, wo ich noch Masken und falsche Kleider trage,
damit ich sie an deinem Kreuz ablegen kann.
Du, Herr Jesus Christus in mir,
der du den Tod, die Sünde und den Teufel schon überwunden hast,
bist der Anfänger und Vollender meines Glaubens
und meine einzige Hoffnung auf Herrlichkeit.
Ich danke dir,
dass du das gute Werk, das du in mir begonnen hast –
dir immer ähnlicher zu werden –, auch vollenden wirst.
Wohne in diesem deinem Tempel
und mach es dir gemütlich.
Ich will in dir und in deinen Verheißungen leben und bleiben.
Ich werde dir alle Ehre geben, aber die Freude genießen!
Shalom und amen.

*Macht das Reich Gottes zu eurem wichtigsten Anliegen, lebt in Gottes Gerechtigkeit, und er wird euch all das geben, was ihr braucht.*

Matthäus 6,33

# MIT GOTT DURCHS LEBEN TANZEN

„Führung" heißt auf Englisch übersetzt „guidance", und im hinteren Teil dieses Wortes steckt „dance", also „tanzen". Vorne bleibt „gui" übrig – die Anfangsbuchstaben von „God, you and I" (Gott, du und ich). Man könnte also sagen, dass Führung bedeutet: „Gott, du und ich, wir beide tanzen." Und ich finde das sehr passend. Gott möchte wirklich mit uns durchs Leben tanzen.

Beim Tanzen ist es ganz wichtig, dass einer führt und der andere sich führen lässt. Ansonsten klappt es nicht, man zerrt aneinander oder tritt einander auf die Füße. Gott ist dein Tanzpartner. Lässt du dich führen? Bleibst du in seinen Armen? Vertraust du ihm? Darf er die Musik aussuchen? Darf er die Geschwindigkeit und den Rhythmus bestimmen? Darf er den Weg wählen, den er dich führen will? Es gibt nichts Schöneres als ein Leben, das hundertprozentig Gott anvertraut ist. Wie es Matthäus 6,33 verspricht, wird uns dann alles andere zufallen. Lass dich auf das Abenteuer des hundertprozentigen Vertrauens auf Gott ein!

*Noch nie hat dich jemand mit solcher Hingabe geliebt wie dein himmlischer Vater.*

# DU BIST SO UNENDLICH VON GOTT GELIEBT

Gott ist verknallt in dich. Jeden Morgen, wenn du das erste Mal verschlafen mit den Augen blinzelst, sagt der Papa im Himmel zu seinen Engeln: „Schaut, was ich da unten für einen tollen Kerl habe. Und dieses Mädchen da, das ist eine Schöne."

Damit meint er dich! Selbst wenn du dich längst nicht mehr als Mädchen bezeichnen würdest – vielleicht eher als Frau in den besten Jahren oder sogar als Oma. Er ist begeistert von dir. Der Papa liebt dich.

Ich kann dir sagen: Gott hört nie auf, dir zu sagen, dass er dich liebt. Und ich wünsche dir eine neue Dimension der Lebensfreude. Eine neue Dimension der Lebenserwartung, der Verbindung mit Gott. Dann geht die Post ab. Ich habe keinen einzigen langweiligen Tag. Mit Jesus ist immer alles Freude. Und Überraschung, Abenteuer. Es ist unglaublich spannend.

*Hatte Gott nicht einen superguten Tag, als er dich und mich gemacht hat?*

# WAHRE LIEBE

Wahre Liebe ist nicht von Gefühlen abhängig! Liebe ist nicht in erster Linie ein Gefühl, aber sie kann starke Gefühle bewirken. Liebe ist vor allem eine Entscheidung. Wäre es nicht so, würde uns Gott in seinem Wort keine so klaren Anweisungen geben wie: „Liebe Gott, deinen Herrn, von ganzem Herzen ..." (Markus 12,30), oder: „Liebe deinen Nächsten wie dich selbst" (Matthäus 19,19).

Solche Gebote setzen voraus, dass es an uns liegt – an unserer Entscheidung –, sie zu befolgen. Gefühle kann man nämlich nicht mit einem Gebot verordnen.

Liebe ist also immer eine Entscheidung, und sie zeigt sich in unserem Tun. Dabei beweist sie sich gerade dann, wenn es Probleme gibt. Lieben bedeutet, einer Person das zu geben, was sie braucht, und nicht das, was sie verdient hat. So lebt es uns Gott in jedem Fall vor. Er gibt uns, was wir wirklich brauchen, und das nennt die Bibel Gnade – unverdiente Liebe, Liebe ohne Grund.

Kannst du diese unverdiente Liebe von deinem himmlischen Vater auch in deinem Leben erkennen und ihm dafür von ganzem Herzen danken?

> *Ich gebiete euch, einander genauso zu lieben, wie ich euch liebe. Die größte Liebe beweist der, der sein Leben für die Freunde hingibt. Ihr seid meine Freunde, wenn ihr tut, was ich euch auftrage.*
>
> Johannes 15,12-14

# WORAUF RICHTEST DU DEINEN BLICK?

Der Teufel ist ein Räuber, ein Dieb, ein Lügner und er möchte uns runterziehen. Wie tut er das? Indem er uns Angst einjagt. Indem er uns zweifeln lässt, dass für Gott alles möglich ist. Indem er uns Lügen glauben lässt anstelle von dem, was Gott gesagt hat. Indem uns Kleinigkeiten in ihren Bann ziehen, sodass wir uns nur noch auf sie konzentrieren, nicht auf Gott.

Unsere Angst möchte uns permanent alles verderben.

Wem schenkst du Glauben? Worauf richtest du deinen Blick? Auf die Hiobsbotschaften um dich herum, auf dein eigenes (Un-)Vermögen, auf die widrigen Umstände? Oder auf Gott? Ich lade dich ein, dir nicht vom Unglauben unserer Tage das Herz beschweren zu lassen, sondern zu glauben und zu vertrauen, dass Gott alle deine Bedürfnisse aus seinem großen Reichtum befriedigt.

# DER LÖWE
# VON JUDA

Angst heißt auf Englisch fear – man könnte das auch auflösen in „false evidence appearing real". Zu Deutsch: Angst hat man, wenn falsche Tatsachen real erscheinen. Doch Gott hat uns nicht den Geist der Furcht gegeben, sondern der Kraft, der Liebe und der Besonnenheit (2. Timotheus 1,7).

Als ich entdeckte, dass in mir ein Angsthase lebt, wurde mir bewusst, dass das Gott keine Ehre bringt. Deshalb habe ich den Löwen von Juda eingeladen, in mir zu leben – und zack, war der Hase weg.

# LEUCHTE ALS LICHT

Unsere Welt hungert nach Licht. Es gibt allerdings nur wenige Menschen, die als Licht in sie hineinleuchten. Darum greift die Finsternis um sich. Überall nehmen Gesetzlosigkeit, Gleichgültigkeit, Egoismus, Gewalt und Gottlosigkeit zu. Obwohl Jesus Christus für alle Menschen sein Leben hingegeben hat, finden viele von ihnen nicht den wahren Sinn des Lebens.

Licht in der Finsternis zu sein, hat einen hohen Preis. Denn Gottes Licht trifft immer zuerst auf uns selbst. Er möchte, dass unser eigenes Leben ein Ausdruck seines Lichtes ist. Deshalb wird er zuerst damit anfangen, uns die finsteren Punkte in unserem Leben zu offenbaren. Wir können einander viel vormachen, aber Gott täuschen wir nicht. Und wir werden in der Welt nur so viel verändern können, wie wir Gott erlauben, unser eigenes Leben zu verändern. Nur diejenigen, die sich allein von der Wahrheit und Liebe Gottes formen lassen, werden die Welt transformieren.

Gott wird unser Leben aufräumen und neu ordnen, damit wir Licht sein können.

»Achte darauf, dass das Licht, das du hast, nicht Dunkelheit ist. Wenn du vom Licht erfüllt bist und keine Berei-
che mehr dunkel in dir sind, dann wird dein ganzes
Leben leuchten, als würde ein strahlendes Licht auf dich
scheinen.«

Lukas 11,35-36

So spricht der Herr: »Verflucht sei, wer sich von mir
abwendet und sich nur noch auf Menschen oder
seine eigene Kraft verlässt. Der ist wie ein kümmer-
licher Wacholderstrauch in der Wüste, der versucht,
auf salzigem, unfruchtbarem Boden zu wachsen –
er wird nicht viel Glück haben. Aber Segen soll über
den kommen, der seine ganze Hoffnung auf den
Herrn setzt und ihm vollkommen vertraut.«

Jeremia 17,5-7

# AUS DER QUELLE LEBEN

Nicht wir sind die Quelle, sondern Gott. Das ist so wichtig! Wir müssen uns ihm zur Verfügung stellen, damit er durch uns tun kann, was er geplant hat. Jesus hat auf Erden nur das getan, was er den Vater im Himmel hat tun sehen. Ich versuche, das genauso zu machen. Seit Jahren sage ich jeden Morgen: „Herr, was ist heute unser gemeinsames Abenteuer? Was hast du für uns vorbereitet? Ich möchte in deinen Werken wandeln und deinen Willen hier auf Erden tun."

Die Furcht des Herrn ist das Geheimnis eines erfüllten Lebens. Das heißt, ich respektiere ihn. Das, was er sagt, ist für mich die Hauptsache und nicht, was die Welt sagt. An seinem Wort richte ich mich aus. Es bestimmt mein Leben, und zwar ohne Wenn und Aber.

Ich habe erkannt, dass ich ohne den Herrn nichts tun kann – wirklich gar nichts. (Das ist so verflixt wenig, dass man Nullen ohne Ende dranhängen kann, und es wird nicht mehr.) Ich lebe voll und ganz in seiner Gnade und Gunst und im Vertrauen, dass er mir alles gibt, was ich brauche.

Mutter Teresa wurde mehrfach gefragt, woher sie die Kraft für ihren Dienst nehme. Sie antwortete stets:

*„Nicht ich, sondern Gott tut alles."*

# WERDE EIN HERZHAFTER GEBER

Ein Mann kam in den Himmel und empfing von Petrus den Schüssel zu seinem Haus. Als er dort angekommen war und die Tür öffnen wollte, gelang es ihm nicht. Sie klemmte, er bekam sie einfach nicht auf. Etwas empört ging er zurück zu Petrus und berichtete ihm von seinem Problem. Dieser ging mit ihm und probierte es selbst. Auch er bekam die Tür nicht auf, aber als er durch eines der Fenster hineinblickte, erkannte er, was die Ursache war: „Das ist ja kaum zu glauben!", rief er aus. „Dein Haus ist voll mit all den Gaben, die Gott dir schenken wollte, und all den Aufträgen, die er für dich auf Erden vorbereitet hatte, aber du hast sie nie abgeholt oder ausgeführt. Nun lagern sie hier und verstopfen dein Haus."

Fang an, ein herzhafter Geber zu werden – und da geht es nicht nur um Geld! Es bedeutet auch, dass du dich selbst gibst. Dass du auf die Menschen eingehst, ihnen zuhörst, für sie betest, ihnen Hilfestellung gibst usw.

*Fange dort an zu geben, wo du selbst Not hast.*

Meine Mutter war eine sehr weise Frau und sie gab mir einen Satz mit auf den Weg, der mir schon häufig sehr half. Sie sagte: „Maria, wo du Not hast, da fang an zu geben. Vielleicht ist heute jemand noch einsamer als du. Bete und schau, wer das sein könnte."

Gib und du wirst empfangen. Und gib da, wo du selbst Not hast. Wenn du denkst, dass keiner dich schätzt, dann fang an, andere zu loben und zu ermutigen. Wenn du gerne Blumen bekommen würdest, dann schenke jemand anderem einen Strauß. Fang an, dort zu geben, wo du selbst ein Bedürfnis hast, und du wirst sehen, wie Gott dein Leben reich macht. Du bist dann auf einer heißen Spur zu einem Leben der Fülle.

# MACH DANKBARKEIT
# ZU DEINEM LEBENSSTIL

*Was immer auch geschieht, seid dankbar, denn das ist Gottes Wille für euch, die ihr Christus Jesus gehört.*

1. Thessalonicher 5,18

Dankbarkeit ist eine Kraft, eine Herzenseinstellung. Sie ist ein Lebensstil und kann gelernt werden. Man wird nicht unbedingt mit dieser Gabe geboren – denn wir sind ja mit einer anderen Natur, nicht mit der göttlichen, geboren worden. Doch sie ist sehr wichtig und das Wort Gottes fordert uns heraus, ihn in allem zu loben und ihm die Ehre zu geben:

Du wirst ein dankbares Herz bekommen, wenn du dich immer wieder an die guten Dinge erinnerst, die der Herr schon getan hat. Und das, wofür du dankbar bist, wird sich multiplizieren, da fließt Segen.

# FÜNF TIPPS, UM DANKBAR ZU LEBEN

**1. Erkenne, dass Undankbarkeit eine Sünde ist und den Heiligen Geist betrübt, und bekenne sie.**
Bekenne die Sünde der Undankbarkeit und bitte um göttliche Überführung. Glaube, dass Gott einen Ausweg aus jeder Not hat. Wenn du ihm dein Herz hinhältst, wird er es verändern und dir eine neue Sicht auf die Dinge schenken.

**2. Hör auf, über Dinge zu reden, die nicht auferbauend sind.**
Schweig lieber, als Negatives von dir zu geben. *„Konzentriert euch auf das, was wahr und anständig und gerecht ist. Denkt über das nach, was rein und liebenswert und bewunderungswürdig ist, über Dinge, die Auszeichnung und Lob verdienen". (Philipper 4,8).*

**3. Konzentriere dich auf die Segnungen, die so offenbar sind in deinem Leben.**
Überlege doch einmal: Für was in deinem Leben bist du dankbar? Wo überall darfst du die Segnungen Gottes genießen? Welche Geschenke hat Gott dir gemacht? Ich bin überzeugt: Wenn du dir einmal ein wenig Zeit dafür nimmst, darüber nachzudenken, werden dir unzählige Dinge einfallen.

**4. Entscheide dich zu glauben, dass Gott denen, die ihm vertrauen und ihn lieben, alles zum Besten dienen lassen wird.**

*Und wir wissen, dass für die, die Gott lieben und nach seinem Willen zu ihm gehören, alles zum Guten führt (Römer 8,28-29).*

Ich habe mir angewöhnt, Gott für alles zu danken – ob ich es verstehe oder nicht, ob ich es mag oder nicht, ob ich dafür gebetet habe oder nicht. Gott hat es zugelassen und deshalb sage ich Danke. Einfach im Gehorsam, ohne Gefühle. Es ist eine Entscheidung. Wenn wir uns entscheiden, dann werden die Gefühle auch nachfolgen. Nach dem Danken sage ich: „Herr, jetzt wird es sehr spannend, wie du aus dieser Situation noch etwas Gutes machst. Aber du hast dich dazu in deinem Wort verpflichtet und ich werde es erleben, denn du bist treu."

**5. Zieh dich von undankbaren und streitsüchtigen Menschen zurück.**

*„Ich möchte, dass ihr das Gute klar erkennt und euch von allem Bösen fernhaltet"*
*(Römer 16,19).*

Undankbare Menschen beeinflussen dich negativ. Sie schaffen eine Atmosphäre der Entmutigung. Deine Motivation wird gebremst, du verlierst Energie. Was dich bisher mit Freude erfüllt hat, erscheint plötzlich als unattraktiv, ja, unmöglich. Solche Leute zerstören die Träume Gottes in dir und für dich. Wenn möglich, weiche diesen Menschen aus.

# GOTT SORGT FÜR DICH

*Darum sage ich euch: Sorgt euch nicht um euer tägliches Leben – darum, ob ihr genug zu essen, zu trinken und anzuziehen habt. Besteht das Leben nicht aus mehr als nur aus Essen und Kleidung? Schaut die Vögel an. Sie müssen weder säen noch ernten noch Vorräte ansammeln, denn euer himmlischer Vater sorgt für sie. Und ihr seid ihm doch viel wichtiger als sie.*

Matthäus 6,25

Wir Menschen drehen uns immerzu um unsere alltäglichen Sorgen, dabei zeigt Gott uns doch immer wieder, dass er viel größer ist als der Kleinkram unseres Lebens. Kein Mensch könnte es sich leisten, alle Vögel dieser Welt zu füttern. Aber Gott kann es. Er allein.

So wie für die Tiere, die Pflanzen oder für mich sorgt Gott auch für dich. Das ist Wahrheit pur. Auf die darfst du dich stellen. Immer wieder.

# ETWAS, DAS JESUS ERLEDIGT

Vor Jahren habe ich von jemandem einen wunderschönen Korb bekommen. Der wurde zu meinem Gebetskorb, in den ich nun alle meine Sorgen, Bedenken, Wünsche, Erwartungen werfe. Darin liegt auch ein Zettel, auf dem steht:

*Ich bin es, Gott. Heute werde ich mich um all deine Probleme kümmern. Aber bitte vergiss nicht, ich brauche auch deine Hilfe dazu. Sollte es geschehen, dass der Feind dich in eine Situation bringt, mit der du nicht fertig wirst, versuch erst gar nicht, das Problem selbst zu lösen, sondern sei so freundlich und wirf es in die „EDJE"-Box, in die „Etwas, das Jesus erledigt"-Box. Ich werde mich zur rechten Zeit darum kümmern – zu meiner Zeit, nicht dann, wenn du meinst, es wäre richtig.*

*Wenn du dein Problem einmal in die Box geworfen hast, dann halte nicht länger daran fest und versuche auch nicht, es etwa wieder herauszuholen. Jedes Festhalten oder jeder Versuch, es wieder herauszuholen, wird die Lösung deines Problems nur verzögern.*

*Wenn du meinst, das Problem selbst bewältigen zu können, komme bitte dennoch zuerst im Gebet zu mir, damit du dir sicher sein kannst, auch die richtige Lösung zu haben. Da ich weder schlafe noch raste, ist es nicht notwendig, dass du deinen Schlaf versäumst. Bleibe ruhig, mein Kind! Wenn du mich brauchst, erreichst du mich jederzeit mit einem Gebet.*

*Ich danke dir, dass du mich so herrlich
und ausgezeichnet gemacht hast!
Wunderbar sind deine Werke, das weiß ich wohl.*

Psalm 139,14

# DU BIST EIN UNIKAT

Es ist so wichtig, dass du du bist – denn Gott hat jeden von uns als Unikat geschaffen und mit einzigartigen Fähigkeiten ausgestattet. Jeder kann einen Beitrag zum Reich Gottes leisten, den nur er bringen kann – niemand sonst. Aber wenn du nicht du bist, sondern eigentlich jemand anderes sein willst, dann kannst du auch nicht das tun, was Gott für dich vorgesehen hat.

# WER HAT DIE KONTROLLE?

Auf einem Seminar kam eine Frau nach einer Einheit heulend auf mich zu. Als ich sie fragte, was sie denn habe, meinte sie: „Jesus steht neben mir und sagt mir, ich solle vom Thron meines Herzens heruntersteigen."

Ich meinte: „Schön, das ist doch gut!"

Sie jammerte nur: „Aber was tut er dann mit mir? Ich habe dann ja keine Kontrolle mehr."

Ich ermutigte sie: „Probier es doch einfach mal aus. Sei mutig und schau, was geschieht."

Wir beteten zusammen und schweren Herzens sagte sie Gott, dass sie vom Thron ihres Herzens heruntersteigen wolle. Ich fragte: „Und, was geschieht jetzt?"

„Jesus steigt hinauf und setzt sich auf den Thron meines Herzens", sie hielt inne. „Aber jetzt rutscht er zur Seite und sagt, ich soll mich neben ihn setzen."

Ja, so ist das, wenn wir Gott die Kontrolle in unserem Leben überlassen. Am Ende dürfen wir mit ihm herrschen. Die Frau war danach wie ausgewechselt. Sie war durchgebrochen in eine Kraft und Wirksamkeit, die vorher kaum vorstellbar war.

*Loslassen heißt,*
*sich weniger zu*
*fürchten und*
*mehr zu glauben*
*und zu lieben.*

# SAUERTEIG

Sauerteig bzw. Hefe schaut so hilflos aus. Hefe ist nie laut. Sie wächst unter Druck und braucht den eigentlichen Teig dazu. Die Hefe selbst wird aber nie Teig, und wenn sie einmal untergemischt ist, kann man sie nicht mehr herausholen. Der Teig schließlich ist immer größer und umfangreicher als die Hefe. Mit anderen Worten: Werde kühn und breite das Reich Gottes in deiner Umgebung aus. Wo immer du bist, soll ein Stück Reich Gottes entstehen. Sei in der Welt, aber nicht von der Welt. Bleib guter Sauerteig!

Das Reich Gottes bringt eine drastische Veränderung, die in unserem Herzen beginnt. All jene, die von der Welt nicht verändert werden, werden die Welt verändern! Wir passen uns der Umgebung nicht an, sondern wir verändern unsere Umgebung durch das Wirken Gottes in uns und durch uns.

*Auch das folgende Gleichnis erzählte Jesus: »Das Himmelreich ist wie Sauerteig, den eine Frau zum Brotbacken gebrauchte. Obwohl sie eine große Menge Mehl nahm, durchdrang der Sauerteig doch den ganzen Teig.«*

Matthäus 13,33

Kann Gott mit dir als seinem Botschafter und Mitarbeiter rechnen?

*Wir sind der Ton, du bist der Töpfer*
*und wir sind das Werk deiner Hand.*

Jesaja 64,7

# LASS DICH VON GOTT FORMEN

Wie werden wir zu brauchbaren Gefäßen Gottes? Dazu muss der äußere Mensch zerbrochen werden. Das heißt nicht, dass unser Wesen, unsere Talente und Gaben zerbrochen werden. Der Herr wird vielmehr die Motivationen unseres Lebens prüfen, um zu erkennen, warum und wozu wir etwas tun.

All die Jahre hat Gott schon an uns gearbeitet, obwohl es uns nicht immer bewusst war. Wir sind Leidenswege gegangen, haben oft Schwierigkeiten, Ablehnungen, Enttäuschungen erfahren. Immer wieder hat Gott uns gegen einen Baum rennen lassen, damit wir erkennen, dass wir auf dem Holzweg sind. Wir haben einen anderen, "unseren Weg" für besser gehalten, aber Gott verwehrte uns das Gelingen. In solchen Situationen können wir beten:

*„Herr, öffne mir bitte die Augen des Herzens, damit ich die Führung deiner Hand erkennen kann."*

# WORTE DES LEBENS

*Wer gern redet, muss die Folgen tragen, denn die Zunge kann töten oder Leben spenden. Sprüche 18,21*

Unsere Worte haben Macht. Es ist nicht egal, was wir aussprechen – nein, es hat Auswirkungen.

Ich glaube wirklich, dass es immens wichtig ist, dass wir Worte des Lebens aussprechen. Über uns selbst und unser Leben, über unsere Umstände, ja, selbst über unsere Feinde. Dann werden wir Wunder um Wunder erleben.

Unsere Sprache kann viel Schaden anrichten, aber sie kann auch umgekehrt Leben freisetzen – im eigenen, dem anderer Menschen, aber auch in unserem Land und in Bezug auf das Schicksal der ganzen Welt. Wir müssen deshalb sehr aufpassen, wie wir unsere Zunge verwenden. Sie kann Heilung bringen genauso wie große Verletzung. Sie kann sogar töten – man denke einmal an Rufmord. Wir dürfen daher unsere Zunge dem Herrn weihen, damit er Leben, Freude und Friede mit ihr wirken kann.

Wofür setzt du deine Zunge ein? Führt das, was du sagst, zum Leben oder ins Verderben? Sprichst du mit Glauben oder Unglauben? Proklamierst du das Wort Gottes über deinen Umständen oder stimmst du ein in den Chor der Hoffnungslosen, die immer nur das Schlechte in einer Situation sehen? Das, was du sprichst, wird bestimmen, was du erlebst.

Werde kühn und mutig, Worte des Lebens zu sprechen, und du wirst die Auswirkungen sehen.

*Die Worte des Gottesfürchtigen führen*
*zum Leben, der gottlose Mensch aber vertuscht*
*seine bösen Absichten.*

Sprüche 10,11

*Dies ist der Tag, den der HERR gemacht hat. Lasst uns jubeln und fröhlich sein.*

Psalm 118,24

# DIESER TAG

Jeder Tag ist ein herrlicher Tag Gottes, der noch nie da war und der nie mehr kommen wird. In diesem Bewusstsein sollen wir täglich leben. Ich habe mich schon vor langer Zeit entschieden, jeden Tag so zu leben, als wäre es der letzte, und so zu planen, als würde ich nie sterben. Das ist eine gute Einstellung, da hat man beides abgedeckt. Man ist jeden Tag bereit für das Kommen Jesu oder dafür, zum Vater heimzugehen. Gleichzeitig ist man bereit für alle Pläne, die Gott noch für einen hat.

# SECHS KLEINE WEISHEITEN

Während einer schlimmen Trockenzeit versammelten sich die Dorfbewohner, um für Regen zu beten, aber nur ein kleiner Junge kam mit einem Regenschirm.
**Das ist Glaube.**

Wenn du ein Baby in die Luft wirfst, dann lacht es, weil es sicher ist, dass du es auffangen wirst.
**Das ist Vertrauen.**

Jeden Abend, wenn wir ins Bett gehen, stellen wir den Wecker, ohne dass wir sicher sind, wieder zu erwachen.
**Das ist Hoffnung.**

Jedes Jahr planen wir große Dinge für das kommende Jahr, ohne die Zukunft zu kennen.
**Das ist Zuversicht.**

Wir sehen das Leid der Welt, aber wir heiraten und haben Kinder.
**Das ist Liebe.**

Auf dem T-Shirt eines alten Mannes standen folgende Worte: „Ich bin nicht wirklich 80 Jahre alt. Ich bin 16 Jahre jung mit 64 Jahren Lebenserfahrung."
**Das ist die richtige Einstellung.**

# KINDLICH VERTRAUEN

Vertraust du auf den Herrn? Oder stützt du dich noch stark auf dein eigenes Wissen, dein Können, deine Fähigkeiten? Ich sage dir: Das ist so viel schwieriger! Wenn wir uns ganz auf Gott verlassen, können wir auch alle unsere Sorgen auf ihn werfen, sie loslassen. Denn er sorgt sich um uns. Ein Kind hat keine Sorgen. Ich habe noch nie ein kleines Kind gesehen, das nach dem Frühstück gefragt hätte, ob es wohl ein Mittag- und ein Abendessen bekame. Kinder vertrauen.

*Schäme dich nicht, kindlich zu sein. Es ist ein Zeichen geistlicher Reife.*

Uns Erwachsenen fällt ein solches Verhalten schwer. Wir wollen reif sein, mündig, selbstständig. Wir wollen uns von Vernunft und Verstand leiten lassen, doch sie machen uns von Gott unabhängig, wenn wir nur auf sie setzen. Es erscheint uns ratsam, wachsam zu sein, misstrauisch, vorsichtig – gegenüber anderen Menschen und gegenüber Gott. Wir sind sorgenvoll und zerbrechen uns über alles den Kopf. Wir sind oft bitter, ungläubig, haben kein Vertrauen und somit auch keinen Glauben.

Es ist ein Trugschluss zu glauben, wir würden reif und unabhängig, wenn wir "vernünftig" sind. Nein, allein unser Vertrauen auf Gott und unsere Abhängigkeit von ihm führen zu wahrer Unabhängigkeit und Reife. Das mag paradox scheinen, ist aber so. Es ist eines der Geheimnisse des Reiches Gottes.

# DIE LASTEN, DIE DU TRÄGST

Gott möchte mit dir, in dir und durch dich arbeiten. Er will dich dorthin bringen, wo dein Herz voll und ganz im Takt mit seinem Herzen schlägt. Wo du nur die Lasten trägst, die Gott dir gibt. Nicht die Lasten, die die Welt dir auferlegen möchte. Diese beiden Arten musst du nämlich gut unterscheiden. Oft wollen wir Lasten tragen, die gar nicht für uns gedacht sind.

Es gibt nur einen Weg, nicht unter unseren Pflichten zusammenzubrechen: alles sofort vor den Meister zu bringen. Er hilft und versteht uns immer. Wenn wir Gott gehorchen, trägt er die Verantwortung für unser Leben, nicht mehr wir!

Wenn sein Wille und Weg uns genügen, haben wir Ruhe. Der, der für uns ist, ist größer als alle, die gegen uns sein könnten. Es ist ein Beweis der Treue Gottes, dass er für die, welche ihm vertrauen, immer einen Ausweg weiß und dass keine Prüfung schwerer ist, als wir ertragen können.

Lasst uns alle Lasten, wie zahlreich und schwer sie auch sind, auf unseren allmächtigen, allwissenden, liebenden Vater werfen. Sie sind für ihn nur Federn.

*Der Glaube sieht die Möglichkeiten, der
Unglaube sieht nur die Schwierigkeiten
und Unmöglichkeiten.*

# SCHWIERIGKEITEN

Jesus möchte, dass wir ihn in allen Schmerz, in alle
Einsamkeit, in alle Probleme, in alle Konflikte hinein-
lassen. Er möchte unser Denken erneuern.

Der Herr kann aus allen unseren Problemen etwas
Gutes machen. Schwierigkeiten sind der Ort, wo er sich
offenbaren will. Es ist wichtiger zu lernen, was Gott uns
in schwierigen Situationen lehren möchte, als so schnell
wie möglich wieder aus ihnen herauszukommen.

# TIEFE WURZELN

Es war einmal eine junge Palme. Eines Tages kam ein böser Mensch vorbei und legte ihr einen schweren Stein in die Krone. Daraufhin konnte sie nicht mehr nach oben wachsen. Doch statt zu verzweifeln, streckte sie ihre Wurzeln so tief in den Boden hinein, bis sie auf eine Wasserader trafen. Dort tankte sie Kraft, sodass sie schließlich auch in der Krone die Stärke hatte, trotz des Steines in die Höhe zu wachsen.

Als sie eine große und kräftige Palme geworden war, kam der böse Mensch einmal wieder an ihr vorbei. Sie sagte: „Hab Dank, denn wegen dir bin ich so groß und kräftig geworden!"

Nehmen wir uns die Palme zum Vorbild – bei Widrigkeiten strecken wir unsere Wurzeln tief ins Wasser Gottes und bekommen so neue Kraft.

# ERWEITERE DEIN GEBIET

Bist du bereit, dich auf Veränderung in deinem Leben einzulassen – in deiner Familie, in deiner Ehe, in deinem Wirkungsbereich?

Nimm dir ein Vorbild an Jabez, von dem in den Chroniken berichtet wird, und bete: „Herr, erweitere mein Gebiet (der Liebe, des Glaubens, des Vertrauens, der Autorität, der Fruchtbarkeit, der Freundschaften, der Geduld, der Kraft, der Gesundheit an Geist, Seele und Körper, deiner Vision für mich, der Freude, meines Gebetslebens, des Gehorsams etc.)!" Wie immer unsere Situation auch aussehen mag, wir können es machen wie Jabez. Er änderte seine Herzenshaltung, indem er zum Gott Israels betete, ihn anrief. Auch du kannst das tun. In Jeremia 33,3 gibt Gott uns die Verheißung: „Ruf mich, dann will ich dir antworten und will dir gewaltige und unglaubliche Dinge zeigen, von denen du noch nie gehört hast."

Lass dir vom Heiligen Geist zeigen, welches Gebiet in deinem Leben Erweiterung braucht, und bitte dann Gott darum. „Sei bei mir in allem, was ich tue."

Je mehr der Herr unser Gebiet erweitert, umso mehr brauchen wir seine Gnade, seine Versorgung, seine Liebe, seine Vollmacht, seine Kraft, seine Weisheit etc. Der Mensch, dessen Herz Gott sucht, erfährt, dass Gott nötig zu haben nichts ist, dessen man sich schämen müsste. Es ist kein Mangel, sondern die richtige Ausgangsbasis für alles und befreit von vielen unnötigen Bedürfnissen.

Du wirst staunen, wie der Herr sein Reich und seine Herrlichkeit in dir, durch dich und um dich herum ausbreiten wird.

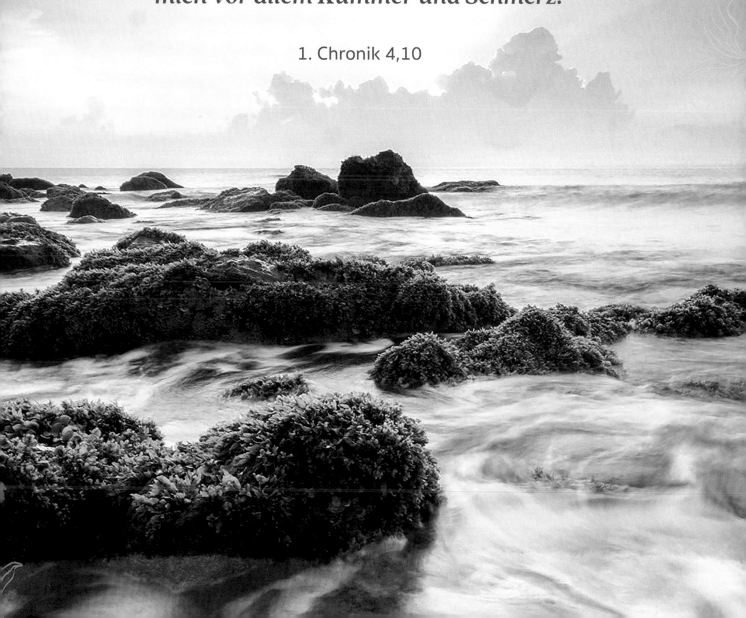

Segne mich doch und erweitere mein Gebiet!
Sei bei mir in allem, was ich tue, und bewahre
mich vor allem Kummer und Schmerz!

1. Chronik 4,10

# VIELFALT UND EINHEIT

Das ganze Leben ist eine große Entdeckungsreise. Entdecke, dass Gott dich geschaffen hat, um so zu sein, wie er ist: Da sprach Gott: „Wir wollen Menschen schaffen nach unserem Bild, die uns ähnlich sind" (1. Mose 1,26).

Bereits im Schöpfungsbericht können wir die Dreieinigkeit erkennen, und sie ist auch in uns angelegt, denn wir können einige „Dreieinigkeiten" im Menschen entdecken:

Zuerst Geist, Seele und Körper. In unserem Geist finden wir Gewissen, Intuition und Beziehungsfähigkeit. Die Seele können wir einteilen in Verstand, Gefühle und Willen. Und der Körper setzt sich, grob gesehen, aus Knochen, Blut und Muskeln zusammen. Wir haben in unserem Leben Vergangenheit, Gegenwart und Zukunft. Eine Familie besteht aus Vater, Mutter und Kind.

Gott hat uns erschaffen, um in unserer Vielfältigkeit in seiner Einheit und Harmonie zu leben. Es ist sehr erleichternd, wenn wir entdecken, dass Gott die Vielfalt liebt, aber trotz aller Verschiedenheit große Einheit in unser Leben bringen will, wenn wir es zulassen.

Bist du bereit, die Vielfalt in dir und in den Menschen um dich herum in dein Leben aufzunehmen und nicht als Bedrohung, sondern als Bereicherung zu sehen? Erst wenn du lernst, dich als Gewinn für diese Welt zu erkennen, wirst du auch deinen Nächsten in diesem Licht betrachten.

Schau also jeden Tag in den Spiegel und sag zu der Person, die du da siehst: „Diese Welt wäre viel ärmer, wenn es dich nicht gäbe!" Und freue dich darüber! Und dann sag dasselbe noch einer oder mehreren Personen in deinem Umfeld! Du wirst staunen, was das für Auswirkungen hat!

*„Diese Welt wäre viel ärmer, wenn es dich nicht gäbe!"*

# GOTTES GESCHICHTE

*Gott schreibt seine Geschichte mit den Menschen und wir dürfen manchmal daran mitwirken.*

Ich will dich ermutigen: Wenn der Herr zu dir spricht, dann folge ihm einfach. Auch wenn es dir zunächst sinnlos erscheint, du unsicher bist oder Angst hast, dich lächerlich zu machen. Tu es einfach. Der Heilige Geist wird dir die richtigen Worte schenken. Lass Gott mir dir machen, was er will – das ist das Geheimnis eines von Segen überfließenden Lebens.